中华人民共和国
烟草专卖法实施条例

中国法制出版社

中华人民共和国烟草专卖法实施条例
ZHONGHUA RENMIN GONGHEGUO YANCAO ZHUANMAIFA SHISHI TIAOLI

经销/新华书店
印刷/北京海纳百川印刷有限公司
开本/850 毫米×1168 毫米　32 开　　印张/0.75　字数/9 千
版次/2021 年 12 月第 1 版　　2021 年 12 月第 1 次印刷

中国法制出版社出版
书号 ISBN 978-7-5216-2349-9　　定价：5.00 元

北京市西城区西便门西里甲 16 号西便门办公区
邮政编码：100053　　传真：010-63141852
网址：http：//www.zgfzs.com　　**编辑部电话：010-63141673**
市场营销部电话：010-63141612　　**印务部电话：010-63141606**

（如有印装质量问题，请与本社印务部联系。）

目　　录

中华人民共和国国务院令

第 750 号

现公布《国务院关于修改〈中华人民共和国烟草专卖法实施条例〉的决定》，自公布之日起施行。

总理　李克强

2021 年 11 月 10 日

国务院关于修改《中华人民共和国烟草专卖法实施条例》的决定

为加强电子烟等新型烟草制品监管，国务院决定对《中华人民共和国烟草专卖法实施条例》作如下修改：

增加一条，作为第六十五条："电子烟等新型烟草制品参照本条例卷烟的有关规定执行。"

此外，对条文顺序作相应调整。

本决定自公布之日起施行。

《中华人民共和国烟草专卖法实施条例》根据本决定作相应修改，重新公布。

中华人民共和国 烟草专卖法实施条例

（1997年7月3日中华人民共和国国务院令第223号发布　根据2013年7月18日《国务院关于废止和修改部分行政法规的决定》第一次修订　根据2016年2月6日《国务院关于修改部分行政法规的决定》第二次修订　根据2021年11月10日《国务院关于修改〈中华人民共和国烟草专卖法实施条例〉的决定》第三次修订）

第一章　总　　则

第一条　根据《中华人民共和国烟草专卖法》（以下简称《烟草专卖法》），制定本条例。

第二条　烟草专卖是指国家对烟草专卖品的生产、销售和进出口业务实行垄断经营、统一管理的制度。

第三条　烟草专卖品中的烟丝是指用烟叶、复烤烟叶、烟草薄片为原料加工制成的丝、末、粒状商品。

第四条 国务院和省、自治区、直辖市的烟草专卖行政主管部门职责及领导体制，依照《烟草专卖法》第四条的规定执行。设有烟草专卖行政主管部门的市、县，由市、县烟草专卖行政主管部门主管本行政区内的烟草专卖工作，受上一级烟草专卖行政主管部门和本级人民政府的双重领导，以上一级烟草专卖行政主管部门的领导为主。

第五条 国家对卷烟、雪茄烟焦油含量和用于卷烟、雪茄烟的主要添加剂实行控制。烟草制品生产企业不得违反国家有关规定使用有害的添加剂和色素。

第二章 烟草专卖许可证

第六条 从事烟草专卖品的生产、批发、零售业务，以及经营烟草专卖品进出口业务和经营外国烟草制品购销业务的，必须依照《烟草专卖法》和本条例的规定，申请领取烟草专卖许可证。

烟草专卖许可证分为：

（一）烟草专卖生产企业许可证；

（二）烟草专卖批发企业许可证；

（三）烟草专卖零售许可证。

第七条 取得烟草专卖生产企业许可证，应当具备下列条件：

（一）有与生产烟草专卖品相适应的资金；

（二）有生产烟草专卖品所需要的技术、设备条件；

（三）符合国家烟草行业的产业政策要求；

（四）国务院烟草专卖行政主管部门规定的其他条件。

第八条 取得烟草专卖批发企业许可证，应当具备下列条件：

（一）有与经营烟草制品批发业务相适应的资金；

（二）有固定的经营场所和必要的专业人员；

（三）符合烟草专卖批发企业合理布局的要求；

（四）国务院烟草专卖行政主管部门规定的其他条件。

第九条 取得烟草专卖零售许可证，应当具备下列条件：

（一）有与经营烟草制品零售业务相适应的资金；

（二）有固定的经营场所；

（三）符合烟草制品零售点合理布局的要求；

（四）国务院烟草专卖行政主管部门规定的其他

条件。

第十条 烟草专卖行政主管部门依照《烟草专卖法》及本条例的规定，发放烟草专卖许可证和烟草专卖品准运证并实施管理。

第十一条 申请领取烟草专卖生产企业许可证的，应当向省、自治区、直辖市（以下简称省级）烟草专卖行政主管部门提出申请，由省级烟草专卖行政主管部门审查签署意见，报国务院烟草专卖行政主管部门审批发证。

第十二条 申请领取烟草专卖批发企业许可证，进行跨省、自治区、直辖市经营的，应当向省级烟草专卖行政主管部门提出申请，由省级烟草专卖行政主管部门审查签署意见，报国务院烟草专卖行政主管部门审批发证。

申请领取烟草专卖批发企业许可证，在省、自治区、直辖市范围内经营的，应当向企业所在地烟草专卖行政主管部门提出申请，由企业所在地烟草专卖行政主管部门审查签署意见，报省级烟草专卖行政主管部门审批发证。

第十三条 申请领取烟草专卖零售许可证，依照《烟草专卖法》的规定办理。

第十四条 烟草专卖许可证的发证机关可以定期或者不定期地对取得烟草专卖许可证的企业、个人进行检查。经检查不符合《烟草专卖法》和本条例规定条件的，烟草专卖许可证的发证机关可以责令暂停烟草专卖业务、进行整顿，直至取消其从事烟草专卖业务的资格。

烟草专卖许可证的具体管理办法，由国务院烟草专卖行政主管部门根据本条例的规定制定。

第三章 烟叶的种植、收购和调拨

第十五条 国务院烟草专卖行政主管部门按照合理布局的要求，会同有关省、自治区、直辖市人民政府依据国家计划，根据良种化、区域化、规范化的原则制定烟叶种植规划。

第十六条 烟叶由烟草公司或其委托单位依法统一收购。烟草公司或其委托单位根据需要，可以在国家下达烟叶收购计划的地区设立烟叶收购站（点）收购烟叶。设立烟叶收购站（点），应当经设区的市级烟草专卖行政主管部门批准。未经批准，任何单位和个人不得收购烟叶。

第十七条 地方烟草专卖行政主管部门组织同级

有关部门和烟叶生产者的代表组成烟叶评级小组，协调烟叶收购等级评定工作。

第十八条 国家储备、出口烟叶的计划和烟叶调拨计划，由国务院计划部门下达。

第四章 烟草制品的生产

第十九条 设立烟草制品生产企业，应当由省级烟草专卖行政主管部门报经国务院烟草专卖行政主管部门批准，取得烟草专卖生产企业许可证，并经工商行政管理部门核准登记。

第二十条 烟草制品生产企业必须严格执行国家下达的生产计划。

第二十一条 禁止使用霉烂烟叶生产卷烟、雪茄烟和烟丝。

第二十二条 卷烟、雪茄烟和有包装的烟丝，应当使用注册商标。

第五章 烟草制品的销售

第二十三条 取得烟草专卖批发企业许可证的企

业，应当在许可证规定的经营范围和地域范围内，从事烟草制品的批发业务。

取得烟草专卖零售许可证的企业或者个人，应当在当地的烟草专卖批发企业进货，并接受烟草专卖许可证发证机关的监督管理。

第二十四条 无烟草专卖批发企业许可证的单位或者个人，一次销售卷烟、雪茄烟 50 条以上的，视为无烟草专卖批发企业许可证从事烟草制品批发业务。

第二十五条 任何单位或者个人不得销售非法生产的烟草制品。

第二十六条 烟草专卖生产企业和烟草专卖批发企业，不得向无烟草专卖零售许可证的单位或者个人提供烟草制品。

第二十七条 在中国境内销售的卷烟、雪茄烟，应当在小包、条包上标注焦油含量级和“吸烟有害健康”的中文字样。

第二十八条 国务院烟草专卖行政主管部门在必要时，可以根据市场供需情况下达省、自治区、直辖市之间的卷烟、雪茄烟调拨任务。

第二十九条 严禁销售霉坏、变质的烟草制品。

霉坏、变质的烟草制品，由烟草专卖行政主管部门或者有关行政管理部门监督销毁。

第三十条 有关部门依法查获的假冒商标烟草制品，应当交由烟草专卖行政主管部门按照国家有关规定公开销毁，禁止以任何方式销售。

第三十一条 假冒商标烟草制品的鉴别检测工作，由国务院产品质量监督管理部门和省、自治区、直辖市人民政府产品质量监督管理部门指定的烟草质量检测站进行。

第六章 烟草专卖品的运输

第三十二条 烟草专卖品准运证由省级以上烟草专卖行政主管部门或其授权的机构审批、发放。烟草专卖品准运证的管理办法由国务院烟草专卖行政主管部门制定。

第三十三条 跨省、自治区、直辖市运输进口的烟草专卖品、国产烟草专用机械和烟用丝束、滤嘴棒以及分切的进口卷烟纸，应当凭国务院烟草专卖行政主管部门或其授权的机构签发的烟草专卖品准运证办理托运或者自运。

跨省、自治区、直辖市运输除国产烟草专用机械、烟用丝束、滤嘴棒以及分切的进口卷烟纸以外的其他国产烟草专卖品，应当凭国务院烟草专卖行政主管部门或者省级烟草专卖行政主管部门签发的烟草专卖品准运证办理托运或者自运。

在省、自治区、直辖市内跨市、县运输烟草专卖品，应当凭省级烟草专卖行政主管部门或其授权的机构签发的烟草专卖品准运证办理托运或者自运。

运输依法没收的走私烟草专卖品，应当凭国务院烟草专卖行政主管部门签发的烟草专卖品准运证办理托运或者自运。

第三十四条 有下列情形之一的，为无烟草专卖品准运证运输烟草专卖品：

（一）超过烟草专卖品准运证规定的数量和范围运输烟草专卖品的；

（二）使用过期、涂改、复印的烟草专卖品准运证的；

（三）无烟草专卖品准运证又无法提供在当地购买烟草专卖品的有效证明的；

（四）无烟草专卖品准运证运输烟草专卖品的其他行为。

第三十五条 海关监管的烟草制品的转关运输，按照国家有关海关转关运输的规定办理运输手续。

第七章 卷烟纸、滤嘴棒、烟用丝束、烟草专用机械的生产和销售

第三十六条 烟草专卖批发企业和烟草制品生产企业只能从取得烟草专卖生产企业许可证的企业购买卷烟纸、滤嘴棒、烟用丝束和烟草专用机械。

卷烟纸、滤嘴棒、烟用丝束、烟草专用机械的生产企业不得将其产品销售给无烟草专卖生产企业许可证的单位或者个人。

第三十七条 烟草专用机械的购进、出售、转让，必须经国务院烟草专卖行政主管部门批准。

烟草专用机械的名录由国务院烟草专卖行政主管部门规定。

第三十八条 任何单位或者个人不得销售非法生产的烟草专用机械、卷烟纸、滤嘴棒及烟用丝束。

淘汰报废、非法拼装的烟草专用机械，残次的卷烟纸、滤嘴棒、烟用丝束及下脚料，由当地烟草专卖行政主管部门监督处理，不得以任何方式销售。

第八章　进出口贸易和对外经济技术合作

第三十九条　设立外商投资的烟草专卖生产企业，应当报经国务院烟草专卖行政主管部门审查同意后，方可按照国家有关规定批准立项。

第四十条　进口烟草专卖品的计划应当报国务院烟草专卖行政主管部门审查批准。

第四十一条　免税进口的烟草制品应当存放在海关指定的保税仓库内，并由国务院烟草专卖行政主管部门指定的地方烟草专卖行政主管部门与海关共同加锁管理。海关凭国务院烟草专卖行政主管部门批准的免税进口计划分批核销免税进口外国烟草制品的数量。

第四十二条　在海关监管区内经营免税的卷烟、雪茄烟的，只能零售，并应当在卷烟、雪茄烟的小包、条包上标注国务院烟草专卖行政主管部门规定的专门标志。

第四十三条　专供出口的卷烟、雪茄烟，应当在小包、条包上标注“专供出口”中文字样。

第九章　监督检查

第四十四条　烟草专卖行政主管部门依法对执行《烟草专卖法》及本条例的情况进行监督、检查，查处违反《烟草专卖法》及本条例的案件，并会同国家有关部门查处烟草专卖品的走私贩私、假冒伪劣行为。

第四十五条　国务院烟草专卖行政主管部门在必要时，可以根据烟草专卖工作的实际情况，在重点地区设立派出机构；省级烟草专卖行政主管部门在必要时，可以向烟草专卖品生产、经营企业派驻人员。派出机构和派驻人员在派出部门的授权范围内监督、检查烟草专卖品的生产、经营活动。

第四十六条　烟草专卖行政主管部门查处违反《烟草专卖法》和本条例的案件时，可以行使下列职权：

（一）询问违法案件的当事人、嫌疑人和证人；

（二）检查违法案件当事人的经营场所，依法对违法生产或者经营的烟草专卖品进行处理；

（三）查阅、复制与违法活动有关的合同、发票、账册、单据、记录、文件、业务函电和其他资料。

第四十七条　烟草专卖行政主管部门或者烟草专

卖行政主管部门会同有关部门，可以依法对非法运输烟草专卖品的活动进行检查、处理。

第四十八条 人民法院和行政机关依法没收的烟草专卖品以及充抵罚金、罚款和税款的烟草专卖品，按照国家有关规定进行拍卖的，竞买人应当持有烟草专卖批发企业许可证。

依法设立的拍卖企业拍卖烟草专卖品，应当对竞买人进行资格验证。拍卖企业拍卖烟草专卖品，应当接受烟草专卖行政主管部门的监督。

第四十九条 烟草专卖行政主管部门的专卖管理检查人员执行公务时，应当佩戴国务院烟草专卖行政主管部门制发的徽章，出示省级以上烟草专卖行政主管部门签发的检查证件。

第五十条 对检举烟草专卖违法案件的有功单位和个人，给予奖励。

第十章 法律责任

第五十一条 依照《烟草专卖法》第三十条规定处罚的，按照下列规定执行：

（一）擅自收购烟叶的，可以处非法收购烟叶价值

20%以上50%以下的罚款，并按照查获地省级烟草专卖行政主管部门出具的上年度烟叶平均收购价格的70%收购违法收购的烟叶；

（二）擅自收购烟叶1000公斤以上的，依法没收其违法收购的烟叶和违法所得。

第五十二条 依照《烟草专卖法》第三十一条规定处罚的，按照下列规定执行：

（一）无准运证或者超过准运证规定的数量托运或者自运烟草专卖品的，处以违法运输的烟草专卖品价值20%以上50%以下的罚款，可以按照查获地省级烟草专卖行政主管部门出具的上年度烟叶平均收购价格的70%收购违法运输的烟叶，以及按照市场批发价格的70%收购违法运输的除烟叶外的其他烟草专卖品。

（二）有下列情形之一的，没收违法运输的烟草专卖品和违法所得：

1. 非法运输的烟草专卖品价值超过5万元或者运输卷烟数量超过100件（每1万支为1件）的；

2. 被烟草专卖行政主管部门处罚两次以上的；

3. 抗拒烟草专卖行政主管部门的监督检查人员依法实施检查的；

4. 非法运输走私烟草专卖品的；

5. 运输无烟草专卖生产企业许可证的企业生产的烟草专卖品的；

6. 利用伪装非法运输烟草专卖品的；

7. 利用特种车辆运输烟草专卖品逃避检查的；

8. 其他非法运输行为，情节严重的。

（三）承运人明知是烟草专卖品而为无准运证的单位、个人运输的，没收违法所得，可以并处违法运输的烟草专卖品价值10%以上20%以下的罚款。

（四）邮寄、异地携带烟叶、烟草制品超过国务院有关部门规定的限量1倍以上的，依照本条第（一）项的规定处罚。

第五十三条 依照《烟草专卖法》第三十二条规定处罚的，按照下列规定执行：

（一）无烟草专卖生产企业许可证生产烟草制品的，由烟草专卖行政主管部门责令关闭，没收违法所得，处以所生产烟草制品价值1倍以上2倍以下的罚款，并将其违法生产的烟草制品公开销毁；

（二）无烟草专卖生产企业许可证生产卷烟纸、滤嘴棒、烟用丝束或者烟草专用机械的，由烟草专卖行政主管部门责令停止生产，没收违法所得，处以违法生产的烟草专卖品价值1倍以上2倍以下的罚款，并将其违法生产的烟草专卖品公开销毁。

第五十四条 依照《烟草专卖法》第三十三条规定，无烟草专卖批发企业许可证经营烟草制品批发业务的，由烟草专卖行政主管部门责令关闭或者停止经营烟草制品批发业务，没收违法所得，处以违法批发的烟草制品价值50%以上1倍以下的罚款。

第五十五条 取得烟草专卖批发企业许可证的单位违反本条例第二十三条第一款的规定，超越经营范围和地域范围，从事烟草制品批发业务的，由烟草专卖行政主管部门责令暂停经营批发业务，没收违法所得，处以违法经营的烟草制品价值10%以上20%以下的罚款。

第五十六条 取得烟草专卖零售许可证的企业或者个人违反本条例第二十三条第二款的规定，未在当地烟草专卖批发企业进货的，由烟草专卖行政主管部门没收违法所得，可处以进货总额5%以上10%以下的罚款。

第五十七条 无烟草专卖零售许可证经营烟草制品零售业务的，由工商行政管理部门或者由工商行政管理部门根据烟草专卖行政主管部门的意见，责令停止经营烟草制品零售业务，没收违法所得，处以违法经营总额20%以上50%以下的罚款。

第五十八条 违反本条例第二十五条、第三十八条第一款规定销售非法生产的烟草专卖品的，由烟草专卖行政主管部门责令停止销售，没收违法所得，处以违法销售总额20%以上50%以下的罚款，并将非法销售的烟草专卖品公开销毁。

第五十九条 违反本条例规定，未取得国务院烟草专卖行政主管部门颁发的烟草专卖批发企业许可证，擅自跨省、自治区、直辖市从事烟草制品批发业务的，由烟草专卖行政主管部门处以批发总额10%以上20%以下的罚款。

第六十条 违反本条例第二十六条、第三十六条第二款规定，为无烟草专卖许可证的单位或者个人提供烟草专卖品的，由烟草专卖行政主管部门没收违法所得，并处以销售总额20%以上50%以下的罚款。

第六十一条 违反本条例第三十六条第一款规定，烟草专卖批发企业和烟草制品生产企业从无烟草专卖生产企业许可证的企业购买卷烟纸、滤嘴棒、烟用丝束、烟草专用机械的，由烟草专卖行政主管部门处以所购烟草专卖品价值50%以上1倍以下的罚款。

第六十二条 违反本条例第四十一条规定，免税进口的烟草制品不按规定存放在烟草制品保税仓库内的，可以处烟草制品价值50%以下的罚款。

第六十三条 违反本条例第四十二条规定，在海关监管区内经营免税的卷烟、雪茄烟没有在小包、条包上标注国务院烟草专卖行政主管部门规定的专门标志的，可以处非法经营总额50%以下的罚款。

第六十四条 违反本条例第四十八条的规定，拍卖企业未对竞买人进行资格验证，或者不接受烟草专卖行政主管部门的监督，擅自拍卖烟草专卖品的，由烟草专卖行政主管部门处以拍卖的烟草专卖品价值20%以上50%以下的罚款，并依法取消其拍卖烟草专卖品的资格。

第十一章 附 则

第六十五条 电子烟等新型烟草制品参照本条例卷烟的有关规定执行。

第六十六条 本条例自发布之日起施行。